Ye

7556

TABLEAV

DV BON-HEVR DE

LA VIEILLESSE, OPPO-
sée au malheur de la
ieunesse.

COMPOSÉ EN QVA-
trains, par MARIN LE ROY.

Chez IEAN LAQVEHAY, au
Mont Sainct Hilaire, dans la
Court d'Albret.

M. DC. XIIII.

TABLEAV
DV BON-HEVR DE
LA VIEILLESSE, OPPO-
sée au malheur de la
ieuneſſe.

A mon tres-aymé PERE.

MOn Pere, la Nature en
toutes ſes actiós, exa-
ctement ſage, & pro-
uidente: ſemble auoir
excellé en la ſtructure & au na-
turel de la Cicoigne : Car entre
tous les oyſeaux, il ne s'en trou-
ue vn digne d'eſtre mis au meſme degré de celuy-cy : Et jaçoit
que le Pelican faſſe ruiſſeler ſon

ſang pour la vie de ſes petits: tou-
tefois il ne merite la primauté
comme cette Cicoigne, laquel-
le eſt remplie d'vne telle pieté
enuers ſes parents, que l'homme, quoy qu'agité d'vne ame
non ſenſitiue ſeulement & vege-
tatiue, mais diuine & raiſonna-
ble, ſemble luy debuoir eſtre
poſpoſee. Car cét oyſeau eſtant
encore ieune & recognoiſſant
ſes parens ſuccombez ſoubs le
fardeau de vieilleſſe, ny ne pouuants plus par le moyé des aiſles,
piller leur paſture, luy-meſme
rodant par tout leurs en appor-
te ſuffiſamment pour viure: &
ſi d'auantage ils deſirent ſe tranſ-
porter par l'air, ils ſont ſuppor-
tez des aiſles de ce ieune, & cé
pour recognoiſſance qu'il à
(quoy que priué de raiſon) d'a-

uoir esté esclos par eux, & esclos
auoir receu la nourriture premiere, tant que ses aisles luy ayét
seruy de conduicte à la requerir.
Or ie serois MON PERE, iuste-
ment estimé plus que brutal &
moindre qu'vn oyseau, si des-ja
vous voyant porter le poil de sagesse, & paruenu à la penulties-
me partie de la vie humaine, ie
ne vous presentois ces fruicts
que par vostre moyen, i'ay re-
cueilly dans vn champt difficile
a pouuoir y paruenir. Affin de
contenter vostre heureuse vieillesse. Puis s'il vous vient la
volonté de recreer vostre aage,
soubs vn air doux & temperé.
Par vn Chápt fort plaisant, per-
semé d'vn milion de fleurs gra-
tieuses tant pour la bigarure des
couleurs que pour leur odeur

fuaue & agreable. Ie vous pre-
fente ce petit Tableau, du bon-
heur de voftre aage, par lequel
vous pourmenant, rencontre-
rez vne diuerfité plaifante. Re-
ceuez-donc MON PERE, d'vn
vifage riant, ces premices de mes
fruicts, & ce premier crajon feu-
lement efbauché pour, voftre
côtentement auquel toutes mes
actions & penfées inceffammét
pourchaffent, & iettét les paro-
les vcritables, les perpetuelles
cogitations, & les effaicts tef-
moings de fes difcours de celuy qui defire demeurer à iamais de voftre bonté.

MON PERE,
    Pour le fils & feruiteur,
      M. LE ROY.

QVATRAIN
Acrostique.

AV MESME.

Le laboureur iettant, Sa semence, il Espere
Or le temps aduenu, Le triple en Receuoir
Vous ainsi receuez, ce que mõ champt Opere
Il a receu de vous, ce qu'il peust Y auoir.

Au Lecteur Aagé.

Lecteur reçois ioyeux ces vers que ie te voüé
Ie sçay qu'ils sont aysez à refuter de soy
Mais nous serons trop forts si vous ioignãs à moy
Hardis vous deffendez ce qu'à present ie loüé.

A MONSIEVR LE ROY,
sur la fœlicité de la Vieilleſſe.

PERE demandrois-tu, au deſſus de ton âge,
    Autre cõtentement, qu'vn modelle parfait
De l'Eſtat de tes ans ? le Ciel te l'enuiſage,
Quand ce ieune pinceau ton aage te pourtraict
Son ieune cœur te peint, l'Image de ta force
Et ſon trait te faict voir, en force ton-Conſeil
Si bien qu'en toute part, ou ſa vertu s'efforce,
Touſiours ſur ces deſſeins, le Ciel luy leue l'œil.
Qui porteront vos ans, enuironnez de gloire
Grauer deſſus l'Autel du Temple de memoire.

Autre à ſon Fils.

PArler de la vertu, exercer ſa puiſſance
    Et au ieune deſir, preſcrire telle Loy
Et ſe donner en ſoy, de Dieu la congnoiſſance
C'eſt eſtre fils du Ciel & eſtre vrayement Roy.
G. L. I. Pariſien.

REGIO SVO.

EPIGRAMMA.

Non te laudatâ pietate ciconia vincet
 Sed potes his volucrē vincere carminibus
Emeritos etenim solet hæc fulcire parentes,
 Donec eos tantum vita benigna tenet.
Ast tua Dulcisono solum non carmine patrem
 In viuis pietas officiosa leuat.
Vitales verum postquam seduxerit artus
 Atropos, hoc fati carmine Victor erit.
Atque suâ donec Phœbus lustrauerit orbem
 Lampade, tu viues laudibus, atque pater.
Iam pia Dardaniâ pietate Ciconia famam
 Velat & Aeneam te, pietate canit.

Alex. de trame. Amic.

IN LAVDEM OPVSCVLI
ad auctorem.

Dvm tua fœlicem laudat pia Musa senectā
 Ostendis quanto fulcis amore patrem.
Regia, tu condis mi Regie, Carmina: patrem
 Emeritum laudans carmine doctiloquo.

A

Sic pius Aeneas humeris dum sustulit ipsis.
Anchisem, tanto dignus honore fuit.
Et postquam Aeneam foelicia fata tulerunt
Ex solito dici Rege Deus meruit
Non secus ac postquam dederis tua corpora letho
Cum summo superûm Rege beatus eris.

Claud. A Quercu.

TABLEAV
DV BON-HEVR DE LA
VIEILLESSE OPPOSEE AV
malheur de la Ieunesse.

I.

Hacun louë en son art, l'artifice plus rare,
Le Laboureur ses fers, le Paintre son pinceau,
Le Soldat son harnois, le Tailleur son ciseau.
Et les tresors aussi sont louez de l'auare.

II.
De mesme le Vieillard doit louer la Vieillesse
, Toutesfois i'entreprend de la chanter icy
Ce grand Tulle Romain me iette le soucy,
Du blasme, gouuernãt la Nef de ma Ieunesse.

III.
Plusieurs me gaberont disans pourquoy i'honore

La vieilleſſe, blaſmant mon aage printanier.
Ie reſpond, c'eſt pour voir des ans l'hyuer der-
nier.
Et voir venir veſper l'Aube leuante encore.

IV.

Le Vieillard eſt heureux qui banit l'auarice,
Qui n'eſt de mille ſoins, en l'ame tourmenté,
Qui abhorre le mal, qui retient la bonté.
Et qui prend pour le chef de ſes faits la iuſtice.

V.

Qui Hercule imitant recueille cette Dame,
Qui conduit ſes amants, au lambris azuré:
La braue meſpriſant, dont le fart reueré
Abyſme ſes ſuiuans, dans l'infernalle flamme.

VI.

L'on eſtime vieilleſſe en mille maux plongee,
Regorgeante d'ennuis, fertile de douleur,
Gouphre de deſplaiſir, refuge du malheur,
Et de pluſieurs trauaux inceſſammẽt chargée.

VII.

Au contraire ie croy qu'elle eſt la plus heu-
reuſe:
L'Aſile des douceurs, exempte de tourment,
Le phare des viuans, meure d'entendement,
Pleine de bons Conſeils, & du bien-deſireuſe.

VIII.

Cil qui dans le berceau, ſucçotte la mamelle,
Se voit en vn moment, ſoubs la tumbe poſé
L'autre voit ja le dart de la mort diſpoſé

Contre luy qui encor de l'enfance s'eueille.

I X.

Car Dieu ne permet pas , a toute creature
De voir long-temps du Ciel l'agreable clarté,
Ny ne permet à tous ayant passé l'esté.
De voir de leur hyuer la desiré froidure.

X.

Celuy reçoit ça bas vn benefice rare
Qui peust viure long-temps, le pauure est plus
heureux.
Voyãt le blõd Phœbus, qu'Achille valeureux,
(Comme il dit) quoy qu'il soit Empereur du
Tartare.

X I.

Plusieurs desirent biẽ de viure vn lõg espace
Toutesfois la Vieillesse, ils veulent blasoner,
Il ressemble le coup qui voulant emmener,
Les brebis du Pasteur son profit il efface.

X I I.

La Vieillesse à quitté les voluptez du monde
De l'Amour, de Bacchus, des ameres douceurs
Qui font en fin dãner leurs propres sectateurs,
Desquelles la ieunesse, est mere tres-feconde.

XIII.

L'amour brusle nos cœurs de sa lubrique
flamme
Nous vlcere l'esprit de son dart odieux
Comme enfant nous conduit sans raison en
tous lieux

Et aueugle toufiours precipite noftre ame.

XIV.

L'Amour affoiblit tant qu'il a contraint Alcide
Fillette de tenir la quenoüille en fes mains
Qui auoiēt tant deffaict de mõftres inhumains
Efpris de la beauté de fa fexe perfide.

XV.

Le mefme pour l'amour finit fa douce vie,
Lors qu'efpris des beaux yeux de fa belle Iolé
Deianire luy donne vn veftement fouillé
Du venin Lernëan, pour l'amoureufe enuie.

XVI.

L'Amour dõna la mort à ce chafte Hyppolite
L'Amour a perdu Troye & ce mortel brandõ,
A faict noyer Climene, & mafacrer Didon.
Et mourir Pirithois aux Riues du Cocyte.

XVII.

Le vin perd la raifon nous rend moings que les beftes
Defcouure non fecrets fait perdre les Citez
Faict que par les vaincus les vainqueurs font domptez
Et bref tous les malheurs, fait pleuuoir fur nos teftes.

XVIII.

Iamais le vice-Roy du Prince de Caldee
N'euft fenty dans fon flanc, le fer Bethulien
Et la chafte Iudith du mefme Affirien.

Si Bacchus ne l'euſt pris, n'euſt ſauué ſa. Iudee.

XIX.

Baltaſar, du grand Dieu cognut l'ire em-
braſee
Au milieu des feſtins, lors qu'vne ſeule main
Côtre le mur eſcrit prêd garde & car demain,
Ta Couronne ſera par ta mort diuiſee.

XX.

Alexandre le Grãd (dôt la grande proueſſe
Rend ſon nom immortel) par Bacchus inciré
Bruſle vne grande part de ſa Noble cité,
Et Occis ſon Clytus, dôt il l'euſt grãd'detreſſe.

XXI.

Ce vent fallacieux qui conduit au naufrage
Par ſon ſoufle trompeur, & nauire & nocher:
Le monde deceueur, & le diable, & la chair,
Ne ſont des vieux Siſler Antene ny Cordage.

XXII.

I'entends parler de ceux qui ne vont à toute
heure
Courtiſer les Seigneurs pour eſtre en dignité,
Qui reiettent le mal, Ains dont la volonté
Sympatiſe aux bontez de leur ame meilleure.

XXIII.

O heureuſe Vieilleſſe exempte de ces vices
Nos folaſtres majeurs eſtoient bien abuſez
Qui t'alloient difformãt de maſques deſguiſez
Et te chantoient l'enfer des tourmens & ſup-
plices.

XXIV.

Il nous ont bien mõstré que toute leur sciẽce
N'estoit pas esclairée, de l'esprit bien-heureux
Ains voyoient au trauers d vn voile tenebreux
Ne pouuants discerner le vray de la semblãce.

XXV.

Celuy-là fut troublé qui pour noircir ta
   gloire,
Te donna de l'enfer le repaire odieux
Il ne te cognust pas : car du Ciel radieux,
La Celeste maison, est ton throne d'Iuoire.

XXVI.

De pleurs, de pauureté, tu n'es accõpagnee
Ny de fain cause-mal, ny des monstres cruels,
Mais de la rareté des plaisirs eternels.
Et tousiours auec toy, la ioye est demenee.

XXVII.

La Vieillesse en plaisirs, plaisirs non detesta-
   bles
Surpasse la ieunesse & sa verte saison.
Car les vilains plaisirs, gouuernez sans raison
Ne sont pas vrays plaisirs, Ainçois abomina-
   bles,

XXVIII.

Ie commence l'Apuril de ma fuyante vie
Mais certe ie voudrois me voir des-ja tout
   blanc
I'aurois esteint le feu qui brusle vn ieune sang
Et serois deliuré de la folastre enuie.

XXIX.

XXIX.

Las! que les ieunes gens qui batent la carriere
De tant de vains plaisirs chopent bien lour-
    dement,
Qui mesprisants les vieux & leur meur iuge-
    ment
Reiettent indiscrets leurs discours en arriere.

XXX.

La ieunesse en ses faicts est sans nulle prudéce.
Legere ne cognoist les siecles non passez
Sans aucun iugement ses faicts sont cóposez,
Et ignorant se croit vn Platon de science.

XXXI.

Mais la sage vieillesse en ses dicts tout cópasse,
Tous ses faicts sont pesez, cachez sont ses se-
    crets
Et ne ressemble pas aux enfants indiscrets
Qui vont tout racontant à l'incognu qui passe.

XXXII.

Les Romains a bon droict pleins de grande
    sagesse,
Appelloiét les vieillards pour estre Senateurs
Et pour auoir ce soin de corriger les mœurs
Qui mechantes sortoient de la folle ieunesse.

XXXIII.

Ils ont aussi long-temps regy toute la terre,
Plusieurs braues soldats, plusieurs genereux
    Roys

C

Ont fleury foubs le nom de leurs prudentes
    loix.
Phœbus durant la Paix, & Mars durant la
    guerre.

XXXIIII.

Les Gaulois ayant pris leur cité memorable,
Entrerent au Senat, & voyant en ces lieux
Ces notables vieillards les eftimerent Dieux
Admirans eftonnez leur façon venerable.

XXXV.

Si pour bien gouuerner cette ieune malice
On dõnoit vn ieune homme, encor feroit on
    mieux
De donner vn aueugle a guider vn fans yeux
Afin de fe ietter au premier precipice.

XXXVI.

Car fi pour Maiftre il n'a vn homme fage, &
    docte
A qui l'experience, & l'art ont enfeigné
Comment vn ieune enfant doit eftre gou-
    uerné
C'eft vn cheual fans bride vn vaiffeau fans pi-
    lote.

XXXVII.

Il s'adonne aux plaifirs de voluptez immon-
    des
Ou tout eftant perdu l'efprit eft agité
Si bien qu'il eft contrainct vfer de cruauté

Pour recouurir le gain de ses pertes profõdes.
XXXVIII.
Il va fendant la mer pour estre en asseurance,
Aux vanitez il court, ainsi qu'au port certain,
Il va quittant le vray pour attraper le vain,
Et se voit mais trop tard priué de l'esperance.
XXXIX.
Comme vn ieune cheual en l'Olympique
    Arene
Faict souuent que Mauors dispence le laurier
A son Maistre, vainqueur de l'Athlete guer-
    rier,
Mais viel pleure le mal de sa premiere peine.
XL.
Ainsi le ieune enfant ayant fait sa furie
Cognoist & plaint ses faicts se repẽt du passé
Et estant desia viel par raison compassé.
Craint encore que Dieu la bas ne la chatie.
XLI.
Combien donc grand le bien que les viel-
    lards entourne.
Et combien leur saison & elle à desirer?
Puisqu'elle fait de nous les pechez retirer
Qui depuis la naissance autour de nous se-
    iourne.
XLII.
Mais combiẽ au contraire & la ieunesse peinte
Des trõpeuses couleurs & cõbien leur seiour

Qui semble se couler plustost que n'est le iour
Deburoit & abhorré qui n'est qu'vne ioye
　　feinte.

XLIII.

La vieillesse desplaist pour tant de maladies
(Côme dit le vulgaire) & ja quelle est au bort
Toute preste à passer le fleuue de la mort
Sans force ny vigueur en toutes ses parties.

XLIIII.

O pauures gens trompez n'auez vous co-
　　gnoissance
Que Dieu donne les maux. Afin que tou-
　　siours sains.
Nous viuions bien-heureux au Ciel auec les
　　Saincts.
Mesprisans de l'enfer l'eternelle vengeance.

XLV.

Les maux que nous auons nestoient la pou-
　　siere
Que le vent du Peché esleue contre nous
Et par ce seul moyen nous sommes purgez
　　tous
Comme purge le feu des metaux la matiere.

XLVI.

Lors que par tant de maux la main de Dieu
　　nous touche.
C'est pour cognoistre au vray si nous auons
　　bon cœur,

Et afin d'efprouuer noftre force & valeur
Côme on efprouue l'or par la pierre de touche
XLVII.
La Mort eft le feul blanc ou toute la vifee.
Des mortels doibt buter, puis qu'il conuient
    mourir
Pour viure inceffamment & qu'il conuient
    ouurir
Par la clef de la Mort, la porte d'Elifée.
XLVIII.
Caton trop abufé de la vaine efperance
Que le Grec promettoit ayant paffé le pas
Hōmicide s'ourdit vn Eternel trépas
Defireux de ce bien auoir la iouyffance.
XLIX.
Et nous qui non trompez, mais pour chofe
    affeuree
Cognoiffans ce bon-heur reculons du moyē
Par lequel il conuient heritier de ce bien
Et de la ioye auffi des Payens defiree.
L.
Au plus hord animal ie parangōne l'hōme
Qui mieux, s'ayme veautrer dans vn bour-
    beux ruiffeau
Que de f'aler blāchir au cours d'vne claire eau
Qui mefprife vn diamant pour coure à vne
    pomme.

LI.

Mais de plus le viellard, n'a le pied dans la
  barque
Seulement de Charon, ains les adolescens,
Les viriles, & ceux qui sont moins chargez
  d'ans
Ainsy que les plus vieux, sont sujetz de la par-
  que.

LII.

La mort va rauageant comme vn autre
  Bacchante
Elle occis les petits, les moyens,& les vieux
Les pauures, les plus grands, les Roys, les
  demy-dieux
La beauté charme-cœur de son dart n'est e-
  xempte.

LIII.

Pourquoy donc conte tu ô ieunesse pipeuse
Que ia la vieillesse a le pied dans le tombeau.
Prend garde seulement que ton prin-temps
  nouueau
Ne fletrisse bientost soubs quelque pierre
  creuse.

LIIII.

Encor vas refutant le bon-heur de vieillesse
Par la force du corps dont tu la veux priuer.
Sa vigueur aux combats ne te peut arriuer

Car beaucoup plus que toy elle luit de
    proüesse.

LV.

La ieunesse aux assauts ne se mõstre animee
Car voyant approcher, pres de soy le danger
Espere se sauuer fuyant d'vn pied leger
Qui cause bien souuent la perte de l'armee.

LVI.

Mais le vieil ne s'asseure en l'espoir de la
    fuite
Ains le laurier vainqueur sur la force est remis.
Et par ce seul moyen dompte ses ennemys
Ne sẽblant au lapin qui fuit des chiens la suite.

LVII.

De plus tousiours la force aux affaires n'est
    bonne
Les aduis, les Conseils, stratagemes , & tours
Abattent plus souuent des ennemys le cours
Que ne fait la fureur de la fiere Bellone.

LVIII.

Nestor par ses conseils, a plus faict de nui-
    sance
Aux belliques Troyens, que n'a Diomedez
Qu'Achille, ny qu'Aiax par tout recõmãdez
Tant la subtilité, sur la force à puissance.

LVIV.

Iamais des ieunes Grecs la proüesse belli-
    que

N'euſt du grand Ilion, mis les murailles bas
Sans de l'armé cheual le deceueur apas
Conſtruit par le conſeil de leur prudence an-
tique.

LX.

Es grandes dignitez la vieilleſſe eſt poſee
De tant de Senateurs la graue Majeſté
Pour les peres griſons touſiours auoir eſté,
Et eſtoit pour iceux, ſeulement diſpoſee.

L X I.

Si d'vn notable cas il leur conuient reſoudre
Le plus vieil preſidoit pour d'vn eſprit raſſis
Ordonner iuſtement ſur le crime commis
Eſtant aux iuſtes doux, & aux meſchans vn
foudre.

L X II.

Ce qu'vn ieune ne peuſt meſpriſant variable,
Le Conſeil des vieillars croyt qu'il n'y à que
luy
Qui puiſſe bien iuger, & condamnent celuy
Souuent qui à bon droit rend abſoult le cou-
pable.

L X III.

Puis donc que tant d'exploits tant de belles
victoires.
Tant de iuſtes decrets à la guerre au barreau
Sont faicts & pronõcez par leur ſage cerueau.
Il les fault couronner de la Palme des gloires.

L X I V.

LXIV.

Tousiours porter honneur à la vieillesse sage
Estimer qu'vn grand heur la seconde en ce lieu
Et quelle est grandement assistee de Dieu
D estre ainsi paruenuë en cest excellent aage.

LXV.

Si de l'antiquité nous descouurons les fables
Penetrás au plus creux de leurs doctes escrits
Nous voirós que cest aage estoit de si grãd pris
Que les Dieux ne dõnoient choses plus fauo-
　　rables.

LXVI.

Le pauure Philemon & sa douce compagne
Quoy qu'ils fussent tous deux chargez de plu-
　　sieurs ans
Ne demandent aux Dieux, que de viure long-
　　temps
Sauuuez par eux des eaux qui noyoiẽt leur cã-
　　pagne

LXVII.

Les grands Dieux autresfois descendans du
　　hault pole,
Afin de diuulguer leur secrets aux mortels
Se changeoient, & souuent pour leur corps
　　immortels
Prenoient des plus aagez la forme & la pa-
　　role.

D

LXVIII.

Les Prophetes diuins, les Preſtres, les Sy-
billes,
Et ce que de plus grand auoit l'antiquité
Eſtoient pour les vieillarts ſeulement appreſté
Seuls eſtoient gouuerneurs, des Royaumes &
villes.

LXIX.

La Iudee, la Grece, & les autres Prouin-
ces
Ont des ieunes chaſſé le fol commandement
Pour le donner aux vieux ſçachans que ſeure-
ment
On vit ſoubs le pouuoir de tels maturez Princes.

LXX.

Car celuy qüi long-temps à Sillonné Ne-
ptune
Sçait quand il faut la nef ou tenir ou lacher
Cognoiſt par quelle routte on ne choque vn
rocher
Sçait comme on peut fuir dela mer la fortune

L XXI.

Mais celuy qui nouueau veut regir vn nauire
Au lieu de courir droiĉt par le plat de la mer
Et d'ariuer au port auquel il veut ramer
Il voyra ſon vaiſſeau contre vn roc le de-
ſtruire.

LXXII.

Ainſi qui a paſſé aux affaires ſon aage
Cognoiſt mieux les deſtours, mieux le mal &
le bien
Que Cil qui preſumant ſçauoir tout ne ſçait
rien
Sinon qu'vn peu par liure & non pas par vſage.

LXXIII.

Mais ceux qui ja ſont vieux, & qui n'ont ces
offices
Se croiront malheureux & voudroient eſtre
morts
Conſollez-vous vieillards, qui n'auez ſes diſ-
cords
Les grandes dignitez ne ſont que grands ſupplices.

LXXIV.

Auoir la dignité de ces grands Capitaines
De ces Princes, ces Ducs, ces Roys, ces Em-
pereurs
Ces Contes, ces Barons, ces ſuperbes Sei-
gneurs
Eſt certe eſtre remply de vẽt, & choſes vaines.

LXXV.

Les Roys & leur vaſaux, vn iour ſeront ſem-
blables
Le Roy comme le pauure vn iour ſera veſtu
Le ſceptre commandeur n'aura plus de vertu

Mais poſſible en bon-heur le verront diſſem-
blables.

LXXVI.

Plus heureux eſt celuy qui exempt de l'en-
uie
Cultiue ſon iardin, tient en paix ſa maiſon
N eſpriſe les grandeurs guide tout par raiſon
Que celuy qui malheure aupres des Roys ſa
vie

LXXVII.

Il eſt bon d'eſtre grand, d'eſtre Prince d'vn
Louure,
Mais plus grand eſt celuy qui ayant le pouuoir
De commander ne veux le ſceptre en main
auoir
Et qui pour habits d'or ſes membres de gris
couure.

LXXVIII.

Celuy qui poſpoſa la puiſſance ſupreſme
Dedictateur Romain au champ qu'il cultiuoit
Et qui le gouuernail de Rome ne vouloit
Cognut bien le malheur de ceindre vn dia-
deſme.

LXXVIX.

Si la mort ne pouuoit attaquer la perſonne
Qui Roy va cõmandât ſur ce monde incertain
Volontiers vn chacun deſireroit en main
Tenir le bois doré, & porter la couronne.

LXXX.

Et puis vn bõ Chreſtien n'a iamais eſperance
Es mõdains grãdeurs qui s'en võt cõme vent
Et meſme ne deſire eſtre touſiours vuiuant.
Sçachant qu'il aura mort, eternelle puiſſance.

LXXXI.

Qui donc de commãder nous cauſe tel enuie
Puis que ce puiſſant Roy & ſuperbe Crœſus
Captif & mis au feu & qu'vn riche Craſſus
A cauſe de ces biens eſt priué de ſa vie.

LXXXII.

Tãt plus haut nous mõtons tant plus la cheu_
te bleſſe
Si de ce hault degré, nous ſommes renuerſe z
Mais eſtãs en ce mõde inceſſamment baiſſe z
Doucement nous viuons ſans craindre tell'
detreſſe.

LXXXIII.

Le Berger & le Roy, enſemble ie compare
L'vn tiẽt vn bois ferré & l'autre d'vn doré bois
L'vn commande aux montons & l'autre à ſes
Bourgeois
Qu'elle choſe du Roy, le berger donc ſepare

LXXXIV.　　　　　(iette

Pour ſe parer le pourpre vn Berger point n'a-
Il n'a tant de puiſſance il n'eſt tant enuié
Il n'a tant de threſors il n'eſt tant ennuié
Il a pour vn Palais ſa petite logette.

LXXXV.

Il ne craint comme vn Roy quelque guerre
    estrangere
Il ne s'eueille point aux foudres des canons
Il ne trēblotte oyant des trompettes les sons
Il ne crain la rigueur d'vne bale legere.

LXXXVI.

Mais il regit en paix son petit heritage
Le soin de mesnager le faict sortir dehors
Il n'entend que du coq les enrouez accords
Et meurt le plus souuent d'vn autūnier orage.

LXXXVII.

Le grand pour se garder à tant de cōpagnees
Qu'il faut son reuenu pour les entretenir
Et pour de ses voissins les assaults soutenir
Les legions des Soldats y sont embesongnees.

LXXXVIII.

Au contraire le simple à pour toute exercite
Sans estre soudoyé quelque puissant mâstin
Qui depuis le vesper iusqu'au prochain matin
Fait la rōde, & les loups, & les larrōs d'espite.

LXXXVIV.

Le pauure d'autre bien n'a son ame saisie
Que de son petit champ, mais le grand veust
    sans droict,
De Baron estre Duc de Duc apres voudroict
Estre Roy de l'Europe & d'Affrique & d'Asie.

LXXXX.

Il ne vit fumptueux, de mets fi delectables
Il n'enuoye en Candie acheter le bon vin
Il n'vfe le fourment pour rendre blāc fon pain,
Il ne voit point chez luy chargées plufieurs
    bles

LXXXXI.

Mais le midy venu aupres d'vne fontaine
Ou foubs quelque arbrifeau recule à l'efcart
Il prendra du pain bis & vn morceau de l'art
Pour bruuage prenant l'eau coulante à main
    plaine.

LXXXXII.

Auffi il va viuant fans abufer perfonne,
Adore le vray Dieu de bonne volonté
Supporte doucement le faiz de pauureté
Craignant que pour punir fon peché Dieu ne
    tonne.

LXXXXIII.

Ou fi quelque Bourgeois à ceft heur fe marie
Qui exerce l'eftat que Dieu luy a donné
Sans deceuoir aucun, fans eftre abandonné
Aux vices aux pechez ny à la tromperie.

LXXXXIV.

Qui ne veux pour les biens nullement fe con-
    traindre
Qui ne tante iamais fon prochain attraper

Qui ne veux comme Icare au Ciel trop ſot
   grymper.
Sçachant bien que ſon vol, ne peut ſi haut at-
   teindre.

LXXXXV.

Qui Sillonne les bords de ceſte mer mõdaine
Cognoiſſant bien verſé la fureur de ces flots
Et quoy que calme en ſoy les tempeſtes enclos
Ne voulãt s'aſſeurer ſur la choſe incertaine.

LXXXXVI.

Qui pouuant s'eſleuer s'abaiſſe contre terre
Diſſemblable du pin & des gens orgueilleux,
Qui entent biẽ ſouuẽt deſcocher encõtre eux,
Le dart eſtincellant de Dieu lance-tonnerre.

LXXXXVII.

Dieu tient l'humble aſſeuré ſous ſa ſaincte
   Iuſtice
Reiete l'orgueilleux. luy captiue ſes pas
Et de ſon haut degré le renuerſe ſi bas
Qu'il ſe voit ſeruir ceux dont il tiroit ſeruice.

LXXXXVIII.

Vn ancien ſçeut bien qu'vne ame glorieuſe
Eſt deſplaiſante à Dieu, diſant que Iupiter
N'auoit plus grãd deſduit qu'vn ſuperbedõter
Qui reſſemble du tout la citrouïlle vanteuſe.

LXXXXIX.

A ce ſainct à bon droict eſt ſemblable vn ſuperbe,

Car

Car eſtãt ſo utenu veux môtre iuſque és cieux,
Mais priué de ſuport il rempe aux plus bas
      lieux,
Et plus bas on le voit qu'aucune ſorte d'herbe.
                    C.

L'antiquité feignant les ſanglantes alarmes
Qu'a l'encontre des Dieux ordirent les Titans
Les tourments, & les maux qu'eurẽt ces com-
      batans
Pour auoir contre iceux trop fiers porté les
      armes.
                    CI.
Entendoit par cela que cil qui ſe ſepare
Par l'orgueil de ſon Dieu (qui peut en vn mo-
      ment
Abatre & rediger ce globeux baſtiment.)
Sur ſoy tous les malheurs & ſupplices prepare.
                    CII.
Plus encor que geans ceſte ſaiſon premiere
Combat ſans ſurmonter par ſes faicts l'eternel
Qui l'ayme toutesfois d'vn amour paternel
Et retient la fureur de ſa iuſte colere.
                    CIII.
Qui donc n'eſtimera vieilleſſe bien-heureuſe
Qui congnoiſſant l'abus & le plaiſir mondain
A la gloire en horreur, & l'orgueil en deſdain
Comme choſe qui peut la rendre malheureu-
      ſe.   E

CIV.

Mais qui de son pouuoir le tout puissant adore;
Qui honore les gens que l'on doit honorer;
Qui tache à son amour vn chacun attirer
Qui cherit tous les bons, & les meschans ab-
    horre.

CV.

Qui desire a chacun ses faits faire apparoistre
Comme cest ancien qui voulut faire ouurir
Sa maison en tous lieux afin de descouurir
Ses actions, & dicts, a tous sans les cognoistre.

CVI.

Non pas de la façon qu'aparoist l'hipocrite.
Qui veux se monstrer bon quoy qu'il soit tres-
    meschant
Qui d'vn masque fardé va les bons alechant
Et qui tousiours au mal sous ce fart s'exercite.

CVII.

Ains qui Cãdide & bõ en son ame veux estre,
Car Dieu veux le dedans, & non pas le dehors,
Qui se purge souuent en mesprisant son corps,
Et cache sa clarté d'vn pot sale & terrestre.

CVIII.

Donc a bonne raison on te tient la premiere
O vieillesse en plaisir en bon-heur en vertu,
Et de ce qu'vn chacun doit estre reuestu
Pour iouyr dans les Cieux de la saincte lumie-
    re.

CX.

Sois ô douce faiſon, ayant paſſé cent luſtres,
Coloquée au plus beau de la ſaincte cité
Boiuant le doux Nectar de ſa felicité
Et icy floriſante entre les plus illuſtres.

CX.

Et vous le ſeul ſubiect de ceſte œuure nou-
uelle
Puiſſiez vous viure autant que le vieillard Ne-
ſtor
(Heureux ainſi que luy & plus heureux encor)
Iouyſſant dans le Ciel d'vne ioye eternelle.

Debita tot pietas cogit perpendere verſus.

FIN.

SONNETS,

SVR LE MESME SVB.
ject de l'heureuse Vieilleſſe.

I.

(Cieux,

Voir l'eſprit bandé touſiours deuers les
Admirer la grãdeur de la diuine eſſence,
Balãcér ſes diſcours ſur la toute puiſſãce,
Et meſpriſer diuin vn repos ocieux.

    Fouler deſſoubs les pieds les biens deli-
Contenir des ſes iours la vraye congnoiſſance, (cieux
Meſpriſer les grandeurs, & auoir iouiſſance
Des plaiſirs ſans le ſoin d'vn prouſit ſoucieux,

    Butér en tous ſes faicts vers la vouſe empyree,
Conſultér pour l'honneur d'vne finbien-heuree,
Bornér ſes volontez dans le diuin pouuoir,

    S'esloignér des plaiſirs de la ſolle ieuneſſe,
Contredire aux abus d'vn decepueur ſçauoir
Sont les rares vertus de ſa douce vieilleſſe.

II.

Comme vn nocher qui t'a par plusieurs fois
A Sillonné le pays de Neptune
Tantost singlant soubs l'halene opportune
D'vn doux zephire agreable a son poix

Puis qui soudain s'est trouué aux abois
Des chiens de Sylle aux vesseaux importune
Prest à perir soubs mauuaise fortune
Dans ses gosiers auec son frele bois.

Sorty de là ha plus d'experience
Pour en apres s'exempter de ces lieux
Qu'vn qui nouueau voudroit sans cognoissance
Prendre sa route en ces rocs odieux
Ainsi le vieil auec plus de science
Cognoist les mœurs qu'vn ieune ambitieux.

III.

Æacide à raison de dire dans Homere,
Qu'il aym'roit mieux viuant seruir de laboureur
Qu'estre du triste enfer le superbe Empereur
Tant vault du blond Soleil l'agreable lumiere.

I'estime donc ceux-là dignes de vitupere
Qui blasonent par tout & ont comme en horreur
La derniere Saison, ie croy que ce bon-heur
Est interdit du tout de telle gent meurtriere,

E   iij

Car l'vnique guerdon que Dieu donne icy bas
Est de viure long temps sans aller au trépas
Mais a seuls qui suiuront le bien des lois diuines.
    Donc ceux-là sont ingrats qui mesprisent les vieux
Ne desirant long temps voir la clarté des Cieux
Pour estre du guerdon de l'Eternel indines.

I I I I.

Comme la pierre & l'honneur de l'anneau,
Comme les fleurs la beauté d'vne prée,
D'vn beau bouquet la rosette pourprée,
Et les couleurs la splendeur du tableau.
    Comme de l'an le premier renouueau
Est le plus gay quand flore est diaprée
De mille fleurs dont la saison sacrée
Du ver printemps rend son visage beau.
    Comme du Ciel l'honneur sont les estoiles,
D'vn grand vaisseau les rames, & les voiles,
D'vn beau Palais le splendeur de son Roy:
    Ainsi des Ans la plus douce maistresse
Et la meilleure est la sage vieillesse
Qui les vertus contient toutes en soy.

V.

Qui voudra discerner quelque cruel orage,
Boul'uersant iusque aux Cieux le grand lit de la mer
Et faisant aux plus creux des gouffres abysmer
Les vesseaux patiens de sa diuerse rage
    Vienne voir la saison ou le ieune courage
Sert de iouët aux vents pour leur rage animer,

Il est le vray vaisseau qui ne se peust armèr
Contre ses flots cruels praist à faire naufrage,
    Mais la Remore ayant son piquant attaché
Au nauire, soudain il est comme fiché,
Sans pouuoir balancer, de mesme la ieunesse,
    Car son eschif estant par les flots agité
Courant a mille escueils il se voit aretté,
Par vn second Remor' la prudente veillesse.

VI.

    De la façon que le caut oyseleur
D'vne voix feincte appelle l'Aloüette
Le Passereau ou bien la Columbette
Dans ses filets pour rauir son bon-heur.
    Ainsi l'amour compagnon de douleur
Appelle a soy cette saison molette
D'vn masque feint & d'vne voix finette
Le faict tomber au rets de son malheur.
    Mais l'oysillon qui d'Adresse nouuelle
Ha euité la pipeuse cautelle
De l'oyseleur m'esprise sa chanson.
    Ainsi le vieil ayant la tromperie
Prompt eschàpé de la verte saison
Bien qu'il l'entende il fuit sa Piperie.

VII.

    Circé iadis changea les amis d'vlissez
En pourceaux, se fians sur sa feincte parolle,
Qui monstre appertement, que ieunesse est si folle
Que ses sens a tromper par l'amour sont aisez.

Les ieunes sont du feu de Venus embrazez
Vont aux premiers accents d'vne volupté molle
Et perdent leur esprit pour la moindre friuolle.
Boiuans l'Acre poison, dont lls sont abusez.

Mais si tost que Mercur' le Dieu donne sagesse
(Mercure vray symbol' de la sage vieillesse)
Eust au Laërtien le moly presenté,
Il vainquit le Poison de la Magicienne
Et eust ses compagnons, la vertu ancienne
Fait aux ieunes changer d'Amour la volupté.

VIII.

Les elemens contraires en nature
Ne sont pas tant repugnans en ces lieux
Qu'aux ieunes sont les hommes desia vieux
Estans nourris d'impare nourriture.

L'vn est le chault & l'autre la froidure
L'vn est superbe, & plus qu'ambitieux :
L'autre est begnin, sage, humble, & gratieux :
L'vn est leger, l'autre plein de Mesure.

L'vn brusle au cœur de mille passions
De mille feux enflambez d'actions,
Ne desirans que les choses mondaines,
N'estant celeste ains terrestre animal
L'autre est exempt des passions humaines
Voulant le bien, & mesprisant le mal.

Debita tot pietas cogit perpendere versus.

FIN.

www.ingramcontent.com/pod-product-compliance
Lightning Source LLC
Chambersburg PA
CBHW051734050726
47598CB00003B/1183